Cinéphile
Etude de films en français élémentaire

Etre et Avoir
Un film de Nicholas Philibert

Kerri Conditto

Focus Publishing

Cinéphile
Etude de films en français élémentaire

Etre et Avoir
Un film de Nicholas Philibert

Kerri Conditto
Tufts University

Focus Publishing, Newburyport, Massachusetts

Copyright 2005 Kerri Conditto

ISBN 10: 1-58510-151-6
ISBN 13: 978-1-58510-151-1

10 9 8 7 6 5 4 3

This book is published by Focus Publishing, R. Pullins & Company, Inc., PO Box 369, Newburyport MA 01950. All rights are reserved. No part of this publication may be reproduced, stored in a retrieval system, or transmitted in any form or by any means, electronic, mechanical, by photocopying, recording, or by any other means, without the prior written permission of the publisher.

0108W

Sommaire

Volet 1 - Introduction

Vocabulaire du cinéma	1	
Fiche technique	2	
Synopsis	2	
Personnages	3	

Volet 2 - Avant de visionner

Vocabulaire du film	5	
Exercices de vocabulaire	7	
Exercices de grammaire	10	
Les verbes être et avoir	10	
Les verbes aller et venir	16	
Le passé récent et le futur proche	18	
Le verbe faire	19	
La négation	21	
Mise en pratique	23	
Communication	28	

Volet 3 - Après avoir visionné

Compréhension générale	29	
Exercices de vocabulaire	32	
Exercices de grammaire	33	
Jeux	40	
Mise en pratique	42	
Communication	45	
Photos	46	
Lecture	52	

Volet 4 - Culture

Compréhension générale	57	
Mise en pratique	59	
Recherches	59	
Fiche d'identité	63	

Lexiques

Vocabulaire du cinéma : *français/anglais*	65
Vocabulaire du film : *français/anglais*	66
Vocabulaire du cinéma : *anglais/français*	70
Vocabulaire du film : *anglais/français*	71
Tableaux	75
Crédits	76

Volet 1
Introduction

Vocabulaire du cinéma

Les genres de films

un film	*a movie*	un drame	*a drama*
une comédie	*a comedy*	un film d'action	*an action film*
une comédie romantique	*a romantic comedy*	un film d'aventures	*an adventure film*
un documentaire	*a documentary*	un western	*a Western*

Les gens du cinéma

un/e acteur/trice	*an actor/an actress*	un/e réalisateur/trice	*a director*
un personnage	*a character*	un rôle	*a role*
un personnage principal	*a main character*	un/une scénariste	*a screenwriter*
un personnage secondaire	*a supporting character*	une vedette	*a star (m/f)*

Pour parler des films

la bande sonore	*sound track*	les effets spéciaux (m)	*special effects*
le bruitage	*sound effects*	le film à succès	*box office hit*
la caméra	*camera*	l'intrigue (f)	*plot*
la cassette vidéo	*video*	le scénario	*screenplay*
le costume	*costume*	la scène	*scene*
le décor	*background*	le son	*sound*
le DVD	*DVD*	les sous-titres (m)	*subtitles*
l'échec (m)	*flop, failure*	tourner un film	*to shoot a film*

Pour écrire

J'admire...	*I admire...*	bien	*well*
J'aime.../je n'aime pas...	*I like.../ I don't like...*	d'abord	*first*
J'apprécie...	*I appreciate, enjoy...*	ensuite	*then, next*
Je déteste...	*I hate...*	finalement	*finally*
Je préfère...	*I prefer...*	mal	*poorly, badly*
Je pense que...	*I think that...*	puis	*then*
à la fin	*at the end*	quelquefois	*sometimes*
à mon avis	*in my opinion*	souvent	*often*
après	*after*	trop	*too much*
alors	*so*	toujours	*always*
au début	*in the beginning*	vraiment	*really*

Fiche technique

Réalisation :	Nicolas Philibert
Scénario :	Nicolas Philibert
Musique originale :	Philippe Hersant
Année de production :	décembre 2000 - juin 2001
Durée :	1 h 45
Genre :	Documentaire
Production :	Maïa Films, Arte France Cinéma, Les Films d'Ici, Le Centre national de documentation pédagogique, Le Centre national de la Cinématographie, Gimages 4, Le Studio Canal+, Canal+
Date de sortie nationale :	28/08/2002
Cumul entrées France :	1,8 million de spectateurs (sur 62 000 000 habitants en France) Ce chiffre représente un énorme succès public !

Synopsis

Etre et avoir est un documentaire qui a lieu dans une école à classe unique à Saint-Etienne-sur-Usson, un petit village d'Auvergne. Un seul instituteur, Georges Lopez, s'occupe de l'éducation de treize élèves de 3 à 11 ans. L'instituteur et les élèves invitent les spectateurs à observer leur vie quotidienne pendant six mois.

Note : « *Etre et avoir* » est classé « G » aux Etats-Unis.

Personnages

Les petits

Alizé	3 ans
Johann	4 ans
Jessie	4 ans
Létitia	4 ans
Marie	4 ans
Jojo	4 ans

Les moyens

Axel	6 ans
Laura	7 ans

Les grands

Guillaume	9 ans
Jonathan	10 ans
Julien	10 ans
Olivier	10 ans
Nathalie	11 ans

L'Instituteur

Georges Lopez

Volet 2
Avant de visionner
Vocabulaire du film

Mois de l'année			
janvier	*January*	juillet	*July*
février	*February*	août	*August*
mars	*March*	septembre	*September*
avril	*April*	octobre	*October*
mai	*May*	novembre	*November*
juin	*June*	décembre	*December*

Saisons			
l'automne (m)	*fall*	en automne (m)	*in the fall*
l'hiver (m)	*winter*	en hiver (m)	*in the winter*
le printemps	*spring*	au printemps	*in the spring*
l'été (m)	*summer*	en été (m)	*in the summer*

Passage du temps			
l'année prochaine (f)	*next year*	le matin	*morning*
l'année dernière (f)	*last year*	l'après-midi (m)	*afternoon*
aujourd'hui	*today*	le soir	*evening*
demain	*tomorrow*	l'heure (f)	*time*
hier	*yesterday*		

Temps			
Il fait...	*It's...*	Il y a...	*It's...*
beau	*beautiful*	des nuages (m)	*cloudy*
bon	*nice*	des orages (m)	*stormy*
chaud	*hot*	du soleil	*sunny*
du soleil	*sunny*	du vent	*windy*
frais	*cool*	Il neige.	*It's snowing.*
froid	*cold*	Il pleut.	*It's raining.*
mauvais	*bad (weather)*	la météo	*the forecast*
# degrés	*# degrees*	le temps	*the weather*

Le paysage et les endroits			
l'arbre (m)	*tree*	la maison	*house, home*
la campagne	*country, countryside*	la montagne	*mountain*
le champ	*field*	le village	*small town*
la forêt	*forest*	la ville	*city*

A l'école

les écoles (f)	schools	les salles (f)	rooms
l'école à classe unique	single room school	la cour de récréation	courtyard/playground
l'école primaire	elementary school	la salle de classe	classroom
les gens (m)	people	l'année scolaire (f)	school year
le cancre	dunce	la rentrée	back-to-school
le chouchou / te	teacher's pet	les vacances (f)	vacation
l'élève (m/f)	student		
l'instituteur / trice	elementary school teacher		

Dans la salle de classe

le bureau	desk	les devoirs (m)	homework
les ciseaux (m)	scissors	le feutre	marker
le coloriage	coloring	la gomme	eraser

Matières

le français	French	les maths (f)	Math
la matière	subject	la récréation	recess

Vêtements

un anorak	parka	des gants (m)	gloves
un bleu (de travail) (m)	coveralls	un foulard	scarf
des bottes (f)	boots	des pantoufles (f)	slippers
un chapeau	hat	un pull (polaire)	sweater (fleece)

Emotions

l'angoisse (f)	anxiety	l'inquiétude (f)	worry, concern
la colère	anger	la peur	fear
l'ennui (m)	boredom	le remords	remorse
l'incertitude (f)	uncertainty	la tristesse	sadness

Adjectifs

amical/e	friendly	ludique	light, amusing
autoritaire	authoritative	malin/maligne	mischievous
chaleureux/euse	warm, hospitable	méchant/e	mean
comique	comical, funny	mignon/nne	cute
content/e	content, happy	moqueur/euse	mocking
émouvant/e	moving	rude	difficult
ennuyeux/euse	boring	sage	well behaved, wise
gentil/lle	nice	tendu/e	tense
indulgent/e	indulgent, lenient	troublé/e	troubled
lourd/e	heavy		

Verbes

avoir	to have	de bonne humeur	to be in a good mood
# ans	to be # years old	de mauvaise humeur	to be in a bad mood
du mal à + inf.	to have difficulty in doing...	en train de + infinitif	to be in the process of...
l'air + adjectif	to look, seem + adjective	sur le point de + inf	to be on the verge of...
l'habitude de + inf.	to be in the habit of doing...	faire	to do, to make
le temps de + inf.	to have the time to...	de la luge	to sled
raison	to be right	les devoirs (m)	to do homework
tort	to be wrong	prendre sa retraite	to retire
être	to be	se bagarrer	to have a fight

Exercices de vocabulaire

A. **Titres.** Donnez un titre à chaque groupe de mots.

   Exemple : *lundi*   *mercredi*   *mardi*   *les jours de la semaine*

   1. mars   août   mai   _____
   2. histoire   maths   français   _____
   3. foot   volley   hockey   _____
   4. mauvais   du vent   frais   _____
   5. feutre   tableau   gomme   _____
   6. maternelle   collège   lycée   _____
   7. champ   colline   forêt   _____
   8. aujourd'hui demain   hier   _____
   9. printemps   été   hiver   _____
   10. pantoufles anorak   gants   _____

B. **Matières.** Ecrivez les matières qui correspondent aux descriptions suivantes.

   1. _____ L'étude des personnages et des événements passés.
   2. _____ Le temps donné aux élèves pour jouer.
   3. _____ L'étude de la biologie, de la chimie, … .
   4. _____ L'étude des nombres, des figures géométriques, … .
   5. _____ L'étude des ordinateurs, des logiciels, … .
   6. _____ L'étude de la langue parlée en France, au Canada, … .
   7. _____ La pratique du coloriage, du dessin, … .
   8. _____ L'activité physique (l'athlétisme, la gymnastique…).
   9. _____ L'étude de la langue parlée en Angleterre, aux USA, … .
   10. _____ L'étude des droits et des devoirs de l'homme, … .

C. *Année scolaire.* Mettez les phrases en ordre chronologique. Commencez par le début de l'année scolaire.

_____ C'est le printemps ; on fait un pique-nique.

_____ C'est l'hiver ; on ne va pas à l'école. Ce sont les vacances d'hiver !

_____ C'est l'été ; c'est la fin de l'année scolaire.

_____ C'est l'automne ; c'est la rentrée scolaire.

_____ C'est l'été ; on ne va pas à l'école. Ce sont les vacances d'été !

D. *Ecoles.* Reliez les âges des élèves avec l'école.

_____ 1. l'école maternelle   A. 6 – 11 ans

_____ 2. le lycée   B. 15 – 18 ans

_____ 3. le collège   C. 3 – 6 ans

_____ 4. l'école primaire   D. 11 – 15 ans

_____ 5. l'université   E. 18 + ans

E. *Que portent-ils ?* Barrez le vêtement qui ne va pas avec le temps qu'il fait.

1. un imperméable | des bottes | des pantoufles | un pull

2. un short | un tee-shirt | un chapeau | un anorak

3. des bottes | une jupe | une chemise | un pull

4. un foulard | des bottes | un short | des gants

5. une jupe | un jean | une veste | un chapeau

F. *A la campagne.* Choisissez la bonne réponse.

1. A la campagne, il y a _____ de voitures.
   a. beaucoup   b. trop   c. peu

2. A la campagne, il y a _____ d'arbres.
   a. beaucoup   b. trop   c. peu

3. A la campagne, il y a _____ de bâtiments.
   a. beaucoup   b. trop   c. peu

4. A la campagne, il y a _____ de pollution.
   a. beaucoup   b. trop   c. peu

5. A la campagne, il y a _____ de bruit.
   a. beaucoup   b. trop   c. peu

6. A la campagne, il y a _____ de fermes.
   a. beaucoup   b. trop   c. peu

7. En général, les gens qui habitent à la campagne ont _____ d'argent.
   a. beaucoup   b. trop   c. peu

8. En général, les gens qui habitent à la campagne ont _____ de temps libre.
   a. beaucoup   b. trop   c. peu

9. En général, les gens qui habitent à la campagne ont _____ de soucis.
   a. beaucoup   b. trop   c. peu

10. En général, les gens qui habitent à la campagne sont _____ éduqués.
    a. beaucoup   b. trop   c. peu

Exercices de grammaire

Les verbes être et avoir

Etre

- Le verbe *être* est un verbe irrégulier.
- Il est employé avec des adjectifs pour décrire des choses et des personnes.

    Exemple : *Les enfants sont adorables !*
- Il est employé avec des prépositions pour situer des choses et des personnes.

    Exemple : *Le livre est sur la table.*
- Il est employé avec la préposition *à* + ***un nom/un pronom disjoint*** pour indiquer la possession.

    Exemple : *Le livre est à Julien ; il n'est pas à moi.*
- Il est employé dans certaines expressions idiomatiques : *être d'accord/pas d'accord ; être en train de + infinitif ; être sur le point de + infinitif ; etc.*

    Exemple : *Je suis en train de faire mes devoirs. Je ne vais pas jouer dehors.*
- Il est employé pour exprimer l'heure.

    Structure : Il + est + # + heure(s) + #.

    Exemple : *Il est 4 heures 30. Les enfants rentrent chez eux.*

Tableau 1, La conjugaison du verbe être.

être			
je	suis	nous	sommes
tu	es	vous	êtes
il, elle, on	est	ils, elles	sont

Tableau 2, Les pronoms disjoints.

pronoms disjoints	
moi	nous
toi	vous
lui, elle, soi	eux, elles

Avoir

- Le verbe *avoir* est un verbe irrégulier.
- Il est employé avec des noms pour indiquer l'existence ou la possession.

    Exemple : *J'ai un crayon et deux stylos.*

- Il est employé dans la structure *il y a / il n'y a pas* pour indiquer la présence ou l'absence des choses ou des personnes.

    Exemple : *Il y a trois élèves dans la salle mais il n'y a pas d'instituteur.*

- Il est employé dans certaines expressions idiomatiques : *avoir # ans ; avoir chaud/froid ; avoir l'air + adjectif ; avoir l'air de + infinitif ; avoir le temps de + infinitif ; avoir raison/tort ; etc.*

    Exemple : *J'ai raison ! Tu as 10 ans.*

Tableau 3, La conjugaison du verbe avoir.

avoir			
je/j'	ai	nous	avons
tu	as	vous	avez
il, elle, on	a	ils, elles	ont

Etre v. Avoir

- Observez les emplois des verbes *être* et *avoir* :

Tableau 4, Les emplois des verbes être et avoir.

Etre v. Avoir	
Etre	**Avoir**
Adjectifs :	Noms :
Tu es patient.	Tu as de la patience.
Prépositions :	Présence ou absence :
Les enfants sont dans la salle.	Il y a des enfants dans la salle.
Possession :	Possession :
Le livre est à Paul.	Paul a un livre.
Expressions idiomatiques :	Expressions idiomatiques :
être de bonne/mauvaise humeur ; d'accord/pas d'accord ; en retard/à l'heure ; en train de ; prêt/e à ; etc.	avoir chaud/froid ; du mal à; l'air ; peur ; raison/tort ; le temps de ; etc.
L'heure :	Le temps :
Vous avez l'heure ? Il est 7 heures.	Vous avez le temps de regarder un film ?

Pratiquez !

A. *Elèves.* Un élève écrit une composition. Complétez le paragraphe avec les formes appropriées *du verbe être*.

> Alex FORESTIER
> le 20 février
>
> Quel type d'élève _____ - je?
> Je m'appelle Alex. Je _____ élève à l'école primaire. Mon meilleur copain _____ Valentin. Valentin et moi, nous _____ de bons élèves. Le maître nous dit toujours : « Vous _____ les meilleurs élèves de la classe ! » Ce ne/n'_____ pas tout à fait vrai. Alice et Monique, elles, _____ les meilleures élèves et Valentin et moi, nous _____ moins bons. Le maître me dit toujours: « Alex, tu _____ un bon élève, mais il faut faire tes devoirs. » Je n'aime pas les devoirs ! Alors, je ne _____ pas tout à fait un bon élève.

B. *L'heure.* Indiquez l'heure et puis indiquez où se trouvent les gens suivants. Utilisez *le verbe être*.

Exemple : 🕗 tu / dans la cuisine   *Il est huit heures ; tu es dans la cuisine.*

1. 🕐 nous / à l'école _____
2. 🕘 les enfants / dans la cour _____
3. 🕛 je / à la cantine _____
4. 🕝 l'instituteur / dans le bureau _____
5. 🕠 vous / chez vous _____

C. **Inventaire.** Indiquez ce que chaque personne a et à qui sont les objets. Utilisez *le verbe avoir et un article indéfini (un, une, des) et le verbe être et un pronom disjoint*.

Exemple : *Michel* ✏️   *Michel a un crayon. Le crayon est à lui.*

1. Je   📖   _____
2. Les garçons 📼 _____
3. Vous   🖥️   _____
4. Tu   🚲   _____
5. L'instituteur 📚 _____
6. Nous   ✂️   _____

D. **Expressions avec être et avoir.** Reliez les expressions suivantes avec les traductions qui conviennent.

____ 1. avoir # ans   A. to be about to
____ 2. avoir du mal à + infinitif   B. to be accustomed to
____ 3. avoir l'habitude de + infinitif C. to be # years old
____ 4. avoir le temps de + infinitif D. to be in a good mood
____ 5. avoir raison   E. to be in agreement
____ 6. être à l'heure   F. to have difficulty in
____ 7. être d'accord   G. to be in the process of
____ 8. être de bonne humeur   H. to be on time
____ 9. être sur le point de   I. to be right
____ 10. être en train de   J. to have the time to

E. Etre et avoir. L'instituteur écrit un email à une remplaçante. Complétez ses phrases avec la forme appropriée *des verbes être ou avoir* selon le contexte.

à : mmedubois@wanadoo.fr
de : mdelacampagne@wanadoo.fr
sujet : L'école à classe unique

Chère Madame,

Il y _____ 15 élèves dans notre école. Les petits _____ entre 4 et 8 ans et le plus grand _____ 11 ans. En général, tous les élèves _____ de bonne humeur. Vous allez penser que Joseph _____ toujours l'air fatigué et vous _____ raison ! Il travaille à la ferme après l'école. Il n'_____ jamais le temps de faire ses devoirs. Il _____ un petit frère qui _____ toujours en retard. Mais à part ça, vous n'allez pas _____ de problèmes. Les enfants _____ adorables ! Bon courage et n'hésitez pas à me contacter si vous _____ des questions.

M. Delacampagne

Les verbes aller et venir

Aller

- Le verbe *aller* est un verbe irrégulier.
- Il est employé pour parler de la santé.
  Exemple : —*Comment allez-vous ? —Moi ? Je vais bien, merci !*
- Il est employé avec la préposition *à* et indique une destination.
  Exemple : —*Où allez-vous ? —Nous allons à l'école.*
- La préposition *à* se contracte avec *l'article défini*.
  Exemple : —*Où vont-ils ? —Ils vont au collège.*

Tableau 5, La conjugaison du verbe aller.

aller			
je	vais	nous	allons
tu	vas	vous	allez
il, elle, on	va	ils, elles	vont

Tableau 6, La contraction de la préposition à et l'article défini.

contractions : à + l'article défini		
à + le	→	au
à + la	→	à la
à + l'	→	à l'
à + les	→	aux

Venir

- Le verbe *venir* est un verbe irrégulier.
- Il est employé avec la préposition *de* et indique une origine.
  Exemple : *D'où viennent les enfants ? Les enfants viennent de l'école.*
- La préposition *de* se contracte avec *l'article défini*.
  Exemple : *D'où vient l'instituteur ? Il vient du bureau.*
- Il y a d'autres verbes conjugués comme le verbe *venir* : convenir, devenir, revenir, etc.
  Exemple : *L'instituteur revient de son bureau.*

Tableau 7, La conjugaison du verbe venir.

venir			
je	viens	nous	venons
tu	viens	vous	venez
il, elle, on	vient	ils, elles	viennent

Tableau 8, La contraction de la préposition de et l'article défini.

contractions : de + l'article défini		
de + le	→	du
de + la	→	de la
de + l'	→	de l'
de + les	→	des

Pratiquez !

A. *Où ?* Les enfants parlent de leurs vacances avec l'instituteur. Où vont-ils ? Complétez le dialogue avec la forme appropriée *du verbe aller et la contraction de la préposition à et l'article défini.*

L'instituteur : Parlons de nos vacances ! Où _____-vous pendant les vacances ?

Maxime : Moi, je _____ _____ campagne pour voir mes cousins ; ma sœur _____ _____ châteaux de la Loire avec ses amies. Quand elle rentre chez nous, ma famille et moi, nous _____ _____ montagne pour voir nos grands-parents.

L'instituteur : Et toi Nathan ? Tu _____ _____ plage, n'est-ce pas ?

Nathan : Non, mes parents n'aiment pas nager. Ils _____ toujours _____ musées pendant les vacances. Alors, je _____ chez ma grand-mère. Nous _____ _____ cinéma tous les jours !

L'instituteur : Et moi ? Je _____ _____ mer pour me reposer !

Les enfants : Bon voyage, Monsieur !

Etre et Avoir — Cinéphile

B. D'où ? Les enfants rentrent dans la classe après la récréation. L'instituteur leur pose des questions. Complétez leur dialogue avec la forme appropriée *du verbe venir et la contraction de la préposition de et l'article défini*.

L'instituteur : _____'où _____ - vous, vous deux ?

Maxime : Je _____ _____ infothèque et Jacob _____ _____ bibliothèque.

L'instituteur : Et les filles ?

Nathan : Elles _____ _____ bureau. Elles parlent souvent avec le directeur.

L'instituteur : Et vous autres ?

Les autres : Nous _____ _____ cour. Nous ne travaillons pas pendant la récréation !

C. Venir et aller. Indiquez l'origine et la destination des gens suivants. Utilisez *les verbes venir et aller et les contractions des prépositions de et à et l'article défini*.

Modèle : Nous — *Nous venons du cinéma. Nous allons chez nous.*

1. la maison / le restaurant — Vous _____
2. la ville / la montagne — Ils _____
3. la forêt / la plage — Je _____
4. la gare / le lit — Elle _____
5. la musée / la maison — Tu _____

Cinéphile — Etre et Avoir

Le passé récent et le futur proche

- *Le passé récent* indique une action ou un événement du passé immédiat.

    Structure :   sujet   +   **venir**   +   **de**   +   infinitif
    Exemple :   *Nous*   *venons*   *de*   *faire*   nos devoirs !

- *Le futur proche* indique une action ou un événement futur.

    Structure :   sujet   +   **aller**   +   infinitif
    Exemple :   *Je*   *vais*   *faire*   mes devoirs après l'école.

Tableau 9, Le passé récent v. le futur proche.

Le passé récent v. le futur proche			
l'heure	17h30	18h30	19h
le temps	passé récent	présent	futur proche
exemple	Je viens de rentrer.	Je prépare le dîner.	Je vais dîner.

Pratiquez !

A. **Notre journée.** Complétez les phrases suivantes avec la forme appropriée *du passé récent ou du futur proche* selon le contexte.

1. Je suis toujours fatiguée ; je _____ me lever à 6h50.

2. Nous attendons la camionnette ; nous _____ aller à l'école.

3. Les autres élèves _____ arriver. Les cours commencent à 8h30.

4. Tu as déjà faim ? Tu _____ manger à midi !

5. C'est l'heure de la récréation ; nous _____ manger.

6. Le maître demande : « Qu'est-ce que vous _____ faire ce soir ? »

7. Nous répondons : « On _____ faire nos devoirs ! »

8. Mon frère _____ rentrer de l'école. Mes parents _____ rentrer à 6 heures 30.

9. Je _____ préparer à manger. On _____ dîner.

10. Les enfants _____ se laver. Ils _____ aller au lit.

Le verbe faire

- Le verbe *faire* est un verbe irrégulier.
- Il est employé avec *de* et *un article défini* pour parler des études, des activités et des sports.
  Structure : sujet + **faire** + **de** + article défini + matière/activité/sport
  Exemple : *Nous faisons du (= contraction de de + le) français.*
- Dans une phrase négative, la matière, l'activité, ou le sport est introduit par *de/d'*.
  Structure : sujet + **ne faire pas** + **de/d'** + matière/activité/sport
  Exemple : *Ils ne font pas de français.*
- Il est aussi employé pour parler du temps.
  Exemple : *Il fait chaud en été.*

Tableau 10, La conjugaison du verbe faire.

faire			
je	fais	nous	faisons
tu	fais	vous	faites
il, elle, on	fait	ils, elles	font

Tableau 11, La contraction de la préposition de et l'article défini.

contractions : de + article défini			dans une phrase négative
de + le	→	du	de
de + la	→	de la	de
de + l'	→	de l'	d'
de + les	→	des	de

Pratiquez !

A. Météo. Les élèves étudient la météo des régions de France. Complétez les phrases avec le temps qu'il fait. Utilisez *le verbe faire*.

Ile-de-France - 50°F/10°C   Provence - 65°F/18°C   Corse - 75°F/24°C   Bretagne - 45°F/7°C   Auvergne - 30°F/-1°C

1. En Ile-de-France, _____.
2. En Provence, _____.
3. En Corse, _____.
4. En Bretagne, _____.
5. En Auvergne, _____.

B. **Que faites-vous ?** Complétez le tableau suivant selon le modèle. Utilisez l'article défini, les contractions avec *de et l'article défini ou de*. Attention ! Les verbes de préférences sont suivis de ***l'article défini !***

	J'aime	Je fais	Je ne fais pas
Matières			
le français	le français	du français	de français
la chimie			
l'art			
les maths			
Sports			
le football			
la voile			
l'aviron			
les sports			
Instruments de musique			
le piano			
la guitare			
l'accordéon			
les cymbales			
Activités diverses			
le théâtre			
la politique			
l'astronomie			
les recherches			

La négation

- On utilise l'expression *ne ... pas* pour écrire une phrase négative.
  Structure :   sujet + **ne** + verbe + **pas**
  Exemple :   Je   **ne**   vais   **pas**   à l'école le mercredi.

- Dans une construction infinitive, le *ne ... pas* est placé autour du verbe conjugué.
  Structure :   sujet + **ne** + verbe + **pas** + infinitif
  Exemple :   Je   **ne**   vais   **pas**   jouer avec mes amis.

- Les articles indéfinis (un, une, des), les articles partitifs (du, de la, de l', des) et les expressions de quantité sont remplacés par *de/d'* dans une phrase négative.
  Exemple :   *J'ai un frère.*   *Je n'ai pas de frère.*

- D'autres expressions négatives :
toujours	≠ ne ... jamais	*Tu parles toujours ?*	*Non, je ne parle jamais.*
quelqu'un	≠ ne ... personne	*Tu regardes quelqu'un ?*	*Non, je ne regarde personne.*
toujours, encore	≠ ne ... plus	*Tu vas toujours au labo ?*	*Non, je ne vais plus au labo.*
quelque chose	≠ ne ... rien	*Tu as quelque chose ?*	*Non, je n'ai rien.*

Pratiquez !

A. *Conseiller académique*. Complétez le dialogue entre un conseiller académique et un élève. Utilisez *les expressions négatives*. Attention aux articles !

CA :   Tu as <u>des problèmes</u>, n'est-ce pas ?

Elève : Non, je _____ ai _____ _____ problèmes.

CA :   Tu fais <u>toujours</u> tes devoirs ?

Elève : Non, je _____ fais _____ mes devoirs.

CA :   Michel est <u>toujours</u> ton ami ?

Elève : Non, il _____ est _____ mon ami.

CA :   Tu m'écoutes ou tu regardes <u>quelque chose</u> ?

Elève : Non, je _____ regarde _____. Je vous écoute.

CA :   Ah bon ? Tu regardes <u>quelqu'un</u> alors ?

Elève : Non, je _____ regarde _____. Je vous écoute.

CA :   Tu <u>vas</u> parler avec l'instituteur de ton problème ?

Elève : Non, je _____ vais _____ parler avec l'instituteur de mon problème.

CA :   On résout <u>notre problème</u> ?

Elève : Non, on _____ résout _____ !

B. Contraires. Jacob écrit une composition. Il est de mauvaise humeur et décide de mettre sa composition au négatif. Mettez ses phrases au négatif. Utilisez *les expressions négatives*. Attention aux articles !

Jacob Delacampagne

L'école et moi

En général, j'<u>aime</u> l'école. <u>Pourquoi</u> ? D'abord, j'<u>aime toujours</u> faire mes devoirs ! Ce soir, nous <u>avons des</u> devoirs intéressants. Deuxièmement, j'<u>aime</u> le maître. En fait, j'<u>aime tout le monde</u> à l'école ! Troisièmement, pendant la récréation, nous <u>jouons toujours</u> à des jeux intéressants. Après l'école, je <u>regarde</u> la télé parce qu'il y <u>a toujours quelque chose</u> d'amusant à regarder. J'<u>ai toujours des choses</u> à dire mais je n'ai plus de place. En conclusion, je <u>suis</u> très content !

Jacob Delacampagne

L'école et moi

En général, je _____ l'école. Pourquoi _____ ? D'abord, je _____ faire mes devoirs ! Ce soir, nous _____ devoirs intéressants. Deuxièmement, je _____ le maître. En fait, je _____ à l'école ! Troisièmement, pendant la récréation, nous _____ à des jeux intéressants. Après l'école, je _____ la télé parce qu'il n'y _____ d'amusant à regarder. Je _____ à dire et je n'ai plus de place ! En conclusion, je _____ très content !

Mise en pratique

A. **Ecoliers.** Imaginez que vous avez 8 ans. Qu'est-ce que vous pensez de l'école ? Complétez le sondage suivant et écrivez un paragraphe pour résumer vos résultats.

Des renseignements généraux...

A quelle heure arrivez-vous à l'école ? _____

A quelle heure quittez-vous l'école ? _____

Comment allez-vous à l'école ? _____

Quelles matières préférez-vous ? _____

Quelles matières détestez-vous ? _____

Pendant combien de temps... (0 – 25+ heures par semaine)

	0-5	5-10	10-15	15-20	20-25	25+
êtes-vous en classe ?						
faites-vous vos devoirs ?						
allez-vous à la bibliothèque /à l'infothèque?						
jouez-vous avec des amis ?						

Dans votre école, il y a combien de/d'... (0 – 25+)

	0-5	5-10	10-15	15-20	20-25	25+
... salles de cours ?						
... élèves ?						
... instituteurs ?						
... assistants ?						

Etes-vous *pas d'accord, d'accord ou tout à fait d'accord* avec les phrases suivantes ?

	Pas d'accord	D'accord	Tout à fait d'accord
J'aime l'instituteur.			
Je peux parler avec l'instituteur.			
J'aime parler avec l'instituteur.			
J'aime mes camarades de classe.			
J'aime aller à l'école.			
J'aime faire mes devoirs.			
J'aime passer des examens.			
Je réussis aux examens.			
Je fais tout mon possible pour réussir.			

En général, êtes-vous *pas du tout satisfait, satisfait ou tout à fait satisfait* de votre/vos...

	Pas du tout satisfait	Satisfait	Tout à fait satisfait
...instituteur.			
...école.			
...activités.			
...locaux (bâtiments, salles, ...).			

En général, j'arrive à l'école à _____

_____

_____

_____

B. *Le chouchou et le cancre.* Comment sont le chouchou et le cancre ? Décrivez comment ils sont/ne sont pas et ce qu'ils ont/n'ont pas. Ecrivez un paragraphe pour faire leurs portraits. Utilisez *les expressions avec être et avoir et les expressions négatives.*

	Le chouchou v. le cancre	
	LE CHOUCHOU est...	**LE CANCRE n'est pas...**
ETRE	un bon élève...	un bon élève...
	LE CHOUCHOU n'est pas...	**LE CANCRE est...**
AVOIR	**LE CHOUCHOU a...**	**LE CANCRE n'a pas...**
	du bon sens...	de bon sens...
	LE CHOUCHOU n'a pas...	**LE CANCRE a...**

En général, le chouchou est... _____

_____

_____

_____

Etre et Avoir

C. *Emploi du temps.* Qu'est-ce que vous faites à l'école ? Complétez le tableau suivant et indiquez ce que vous faites à l'école. Ecrivez un paragraphe pour décrire votre journée typique. Utilisez *les expressions avec faire et le vocabulaire du cahier.*

Mon emploi du temps			
	destination	cours	activité
8h30	l'école, la cour de récréation	∅	faire du football
9h30			
10h30			
11h30			
12h30			
1h30			
2h30			
3h30			
4h30			
5h30			
6h30			
7h30			
8h30			

J'ai une journée très chargée... _____

_____

_____

_____

D. *Saisons*. Quelle saison est-ce que vous préférez ? Complétez le tableau suivant avec le temps qu'il fait pendant chaque saison et les activités que vous aimez faire. Ensuite, écrivez un paragraphe pour décrire vos préférences. Utilisez *les expressions avec faire*.

	LE TEMPS	LES ACTIVITES
en hiver	*Il fait froid et il neige.*	*Je fais de la luge.*
au printemps		
en été		
en automne		

Je préfère _____

_____

_____

_____

E. *L'école*. Vous faites un documentaire. 10 élèves et un instituteur vont passer six mois dans une école à classe unique. Vous faites l'inventaire de ce qu'il va y avoir/ne va pas y avoir dans la salle et décrivez comment la salle va être/ne va pas être. Ecrivez un paragraphe pour décrire l'école aux participants. Utilisez *les verbes être et avoir, le futur proche et la négation*.

L'école à classe unique		
	l'école va être…	l'école ne va pas être…
ETRE	*petite*	*grande*
	l'école va avoir…	l'école ne va pas avoir…
AVOIR	*un tableau*	*d'ordinateur*

Vous allez passer 6 mois dans une école à classe unique. _____

_____

_____

_____

F. Instit. Vous venez de finir vos études. Vous allez être l'instituteur/l'institutrice idéal/e ! Faites votre portrait. Utilisez **les verbes être, avoir, aller, venir, et faire ; le futur proche; et la négation**. Complétez le tableau et écrivez un paragraphe pour faire votre portrait.

	Affirmative	Négative
être	Je suis calme...	Je ne suis pas méchant...
avoir		
aller		
venir		
faire		
futur proche		

Je veux être l'instituteur/l'institutrice idéal/e _____

_____

_____

_____

Communication

A. **Cinéma.** Vous faites un sondage sur les préférences de vos camarades. D'abord, circulez et posez les questions ci-dessous à vos camarades. Ensuite, partagez vos résultats avec eux.

- Est-ce que vous allez souvent au cinéma ?
- Avec qui est-ce que vous allez au cinéma ?
- Est-ce que vous regardez des films à la maison ?
- Est-ce que vous regardez souvent : des comédies, des drames, des films d'action, des documentaires ?
- Qu'est-ce que vous préférez : les comédies, les drames, les films d'action, les documentaires ?
- Qu'est-ce que vous détestez : les comédies, les drames, les films d'action, les documentaires ?
- Est-ce que vous connaissez des documentaires ?
- Quels documentaires est-ce que vous aimez ?

B. **Chouchou et cancre.** Imaginez une bagarre entre le chouchou et le cancre. L'instituteur essaie de résoudre la dispute. Jouez les rôles des enfants et de l'instituteur avec vos partenaires. Utilisez *les verbes être et avoir et les expressions négatives* dans votre dialogue.

C. **Débat.** Vous organisez un débat : Est-ce que l'école à classe unique est meilleure qu'une grande école ? Organisez-vous en deux groupes : pour et contre l'école à classe unique. Développez vos arguments. Utilisez les verbes *être et avoir et les expressions négatives*.

D. **Destinations.** Une famille planifie un voyage pendant les vacances de printemps. Les parents proposent des destinations et les enfants ne sont pas d'accord avec les choix. Jouez les rôles des parents et des enfants avec vos partenaires. Utilisez *les verbes aller et venir et les expressions négatives*.

E. **Météo.** Vous présentez la météo. Suggérez les activités et les vêtements qui correspondent au temps qu'il fait. Présentez vos prévisions et vos suggestions à vos camarades. Utilisez *les expressions avec faire*.

F. **Emploi du temps.** Imaginez que vous avez 11 ans. Vous créez l'emploi du temps idéal. Que faites-vous pendant la journée ? Votre partenaire joue le rôle de l'instituteur et crée l'emploi du temps idéal de l'instituteur. Comparez vos emplois du temps. Utilisez *les verbes être, avoir, aller, venir, et faire et les expressions négatives*.

G. **Instituteur.** Un élève vient de rendre un devoir incomplet. Vous jouez le rôle de l'instituteur et expliquez à l'élève qu'il va finir le devoir avant de jouer. Vous partenaire joue le rôle de l'enfant. Utilisez *le passé récent, le futur proche et les expressions négatives*.

Volet 3
Après avoir visionné

Compréhension générale

A. Relations. Comment sont les relations entre les personnages suivants ? Cochez les adjectifs qui les décrivent le mieux.

Relations			
Instituteur : enfants			
☐ bonnes	☐ mauvaises	☐ excellentes	☐ moyennes
☐ relaxes	☐ tendres	☐ tendues	☐ délicates
☐ intimes	☐ amicales	☐ ouvertes	☐ distantes
☐ émouvantes	☐ difficiles	☐ troublées	☐ autre _____
Instituteur : parents			
☐ bonnes	☐ mauvaises	☐ excellentes	☐ moyennes
☐ relaxes	☐ tendres	☐ tendues	☐ délicates
☐ intimes	☐ amicales	☐ ouvertes	☐ distantes
☐ émouvantes	☐ difficiles	☐ troublées	☐ autre _____
Parents : enfants			
☐ bonnes	☐ mauvaises	☐ excellentes	☐ moyennes
☐ relaxes	☐ tendres	☐ tendues	☐ délicates
☐ intimes	☐ amicales	☐ ouvertes	☐ distantes
☐ émouvantes	☐ difficiles	☐ troublées	☐ autre _____
Enfants : enfants			
☐ bonnes	☐ mauvaises	☐ excellentes	☐ moyennes
☐ relaxes	☐ tendres	☐ tendues	☐ délicates
☐ intimes	☐ amicales	☐ ouvertes	☐ distantes
☐ émouvantes	☐ difficiles	☐ troublées	☐ autre _____

Cinéphile — Etre et Avoir

B. **Saisons.** Mettez les phrases suivantes en ordre chronologique.

   ____ C'est l'été ; les enfants disent au revoir à l'instituteur pour la dernière fois cette année.

   ____ C'est l'hiver ; les enfants font de la luge.

   ____ C'est le printemps ; les enfants ont cours dans le jardin. C'est presque l'été et il fait bon !

   ____ C'est l'été ; le film se termine.

   ____ C'est le printemps ; les enfants et l'instituteur font un pique-nique.

   ____ C'est l'hiver ; le film commence.

C. **Emploi du temps.** Reliez les colonnes pour décrire la journée des enfants.

   ____ 1. le matin   A. Ils écoutent l'instituteur.
   ____ 2. le matin   B. Ils vont au lit.
   ____ 3. le matin   C. Ils déjeunent.
   ____ 4. midi   D. Ils vont à l'école en camionnette.
   ____ 5. l'après-midi   E. Ils dînent.
   ____ 6. l'après-midi   F. Ils font leurs devoirs.
   ____ 7. le soir   G. Ils jouent dehors ; c'est la récréation.
   ____ 8. le soir   H. Ils rentrent de l'école.
   ____ 9. le soir   I. Ils travaillent à la ferme.
   ____ 10. le soir   J. Ils arrivent à l'école.

D. **Vrai ou faux ?** Indiquez si les phrases suivantes sont vraies ou fausses.

   1. vrai   faux   Le film a lieu dans une grande ville.
   2. vrai   faux   Le film présente l'histoire d'un instituteur qui a beaucoup de problèmes.
   3. vrai   faux   Le film est l'histoire d'un instituteur qui enseigne à des enfants de 3 à 11 ans.
   4. vrai   faux   Le film commence par la rentrée scolaire.
   5. vrai   faux   Les enfants adorent l'instituteur. Les parents l'aiment aussi !
   6. vrai   faux   Les grands aident les petits à faire leurs devoirs.
   7. vrai   faux   L'instituteur aide les élèves à résoudre les conflits entre eux.
   8. vrai   faux   Malheureusement, l'instituteur n'a pas le temps de parler avec chaque élève.
   9. vrai   faux   Les élèves sont très tristes à la fin de l'année scolaire.
   10. vrai faux   Le film se termine avec la fin de l'année scolaire.

E. *Questions à choix multiples.* Choisissez la bonne réponse.

1. Le film commence _____.
   - a. en hiver
   - b. au printemps
   - c. en automne

2. Le film a lieu _____.
   - a. en Normandie
   - b. en Provence
   - c. en Auvergne

3. La région où a lieu le film a un climat _____.
   - a. doux
   - b. rude
   - c. chaud

4. L'industrie principale de la région est _____.
   - a. l'agriculture
   - b. le tourisme
   - c. l'automobile

5. En général, l'école est _____.
   - a. assez bien équipée
   - b. dans un mauvais état
   - c. très moderne

6. Les élèves ont de _____.
   - a. 5 à 15 ans
   - b. 3 à 11 ans
   - c. 3 à 9 ans

7. En général, les enfants sont de familles _____.
   - a. très riches
   - b. aisées
   - c. à revenus modérés

8. En général, les fermes des familles ont _____.
   - a. des vaches
   - b. du blé
   - c. des fleurs

9. Les maisons des enfants sont _____.
   - a. luxueuses
   - b. très modernes
   - c. correctes

10. Le film montre bien _____ d'une école à classe unique.
    - a. les problèmes
    - b. la vie quotidienne
    - c. des jours importants

Exercices de vocabulaire

A. *A l'école !* Utilisez *le vocabulaire du cahier* pour compléter les phrases suivantes.

1. Saint-Etienne sur Usson est _____ qui se trouve en Auvergne.

2. L'Auvergne est une région avec un climat _____.

3. M. Lopez est _____ d'une école à _____.

4. Ça fait 20 ans que M. Lopez dicte. Ça fait beaucoup de _____ !

5. Il y a 13 _____ à l'école.

6. Les enfants s'amusent beaucoup dans la cour pendant _____.

7. Tout le monde adore Jojo. Il est _____ de la classe.

8. Les autres enfants sont mignons aussi ! Par exemple, Alizé est adorable quand quelqu'un vole _____.

9. M. Lopez et les enfants sont tristes parce que Jonathan, Julien, Nathalie et Olivier vont aller _____ l'année prochaine.

10. L'année prochaine, M. Lopez va prendre _____.

B. *Vêtements.* Que portent-ils ? Corrigez les phrases suivantes en remplaçant les vêtements donnés avec ceux qui correspondent mieux au contexte. Utilisez *le vocabulaire du cahier*.

1. Il neige dehors. Les enfants entrent dans l'école. Ils enlèvent ___**leurs sandales**___ et ils mettent ___**leurs baskets**___ avant d'entrer dans la salle de classe.

2. Les hivers sont très froids en Auvergne. Quand les enfants jouent dehors, ils portent ___**un**___ ___**blouson**___.

3. Il fait froid dans la salle de classe aussi ! Les enfants portent ___**un tee-shirt**___.

4. Les filles, surtout Marie et Alizé, aiment mettre ___**un short et des baskets**___ même quand il fait froid !

5. M. Lopez n'est pas très habillé. En général, il porte ___**un costume**___.

6. Julien travaille à la ferme. Il fait mauvais ! Il porte ___**un short**___.

7. Il pleut et les enfants sortent de l'école. Ils portent ___**des pantoufles**___.

8. Les enfants ont cours dehors. Il fait beau ! Olivier porte ___**un foulard**___.

9. Les parents, les enfants et M. Lopez font un pique-nique. Ils portent ___**un anorak**___.

10. A la fin du film, il fait beau et les enfants portent ___**un anorak et des bottes**___.

Etre et Avoir   Cinéphile

Exercices de grammaire

Les verbes être et avoir

A. **Qui est-ce ?** Complétez les phrases avec la forme appropriée *des verbes être ou avoir* selon le contexte. Ensuite, écrivez le nom du personnage du film qui correspond à la description.

Alizé   *Jojo*   *Julien*   *Nathalie*   *Olivier*

1. C'est _____. Il _____ quatre ans, les cheveux châtain et longs. Il _____ adorable. C'_____ le chouchou de la classe.

2. C'est _____. Elle _____ onze ans, les cheveux noirs et des lunettes. Elle _____ très réservée et timide.

3. C'est _____. Elle _____ trois ans, les cheveux blonds, longs et ondulés. Elle _____ toute petite et c'est l'élève la plus jeune de la classe.

4. C'est _____. Il _____ assez timide et sérieux. Il _____ dix ans et les cheveux châtain et assez longs.

5. C'est _____. Il _____ assez grand et costaud. Il _____ aussi assez ouvert. Il _____ les cheveux noirs et courts.

B. **Portraits.** Faites les portraits des personnages suivants. Utilisez *les verbes être et avoir*.

PORTRAITS	ETRE	AVOIR
M. Lopez	*est sympa*	*a de la patience*
Les parents de Julien		
Olivier		
Jojo		

Cinéphile — Etre et Avoir

C. **Comment sont-ils ?** Complétez les phrases suivantes avec les descriptions des personnages du film. Utilisez *les verbes être et avoir*.

1. L'instituteur / être _____
2. L'instituteur / avoir _____
3. Les parents de Julien / être _____
4. Les parents de Julien / avoir _____
5. Olivier / être _____
6. Olivier / avoir _____
7. Jojo / être _____
8. Jojo / avoir _____

D. **Etre et avoir.** Complétez les phrases suivantes avec la forme appropriée *des verbes être et avoir ou des expressions avec être et avoir* selon le contexte.

avoir	*avoir du mal (à)*	*avoir l'air*	*avoir l'habitude (de)*
avoir le temps (de)	*avoir peur (de)*	*avoir raison*	*être*
être de bonne humeur	*être de mauvaise humeur*	*être sur le point*	

1. M. Lopez est très calme et, en général, il _____.
2. M. Lopez _____ jeune, mais en réalité il n'_____ pas jeune.
3. Quand il y a un problème, M. Lopez _____ de parler avec les parents de ses élèves.
4. Les grands _____ de travailler pendant que M. Lopez travaille avec les petits.
5. Jojo _____ d'aller jouer dehors quand M. Lopez lui dit qu'il doit finir son travail.
6. Olivier et Julien se disputent. Ils _____.
7. M. Lopez explique aux enfants qu'il faut être amis. M. Lopez _____ !
8. Nathalie est timide. Elle _____ à parler avec les autres.
9. Jonathan, Julien, Nathalie et Olivier vont au collège l'année prochaine. Ils _____ !
10. A la fin du film, le spectateur _____ beaucoup de respect pour M. Lopez.

Les verbes aller et venir

A. Où vont-ils ? Indiquez l'origine et la destination des gens suivants. Utilisez *les verbes venir et aller et les contractions des prépositions de et à et l'article défini*.

ORIGINE / DESTINATION

1. la bibliothèque / la cantine
   Les enfants _____ _____ où ils regardent des livres et ils _____ _____ où ils déjeunent.

2. l'école / la maison
   Le matin, les enfants _____ _____ où ils voient M. Lopez. Ils _____ _____ où ils habitent.

3. la montagne / l'école
   M. Lopez _____ _____ avec les enfants où ils font de la luge. Ils _____ _____ où ils ont cours.

4. la gare / la campagne
   Les enfants, les parents et M. Lopez _____ _____. Ils _____ _____ où ils font un pique-nique.

5. l'école / l'île
   Les grands suggèrent à M. Lopez : « Vous _____ _____ (à Tahiti) quand vous prenez votre retraite ! » Il _____ _____ parce qu'il ne va plus être instituteur.

B. Origines et destinations. Utilisez *les verbes venir et aller et les contractions des prépositions de et à et l'article défini* pour indiquer les origines et les destinations des gens suivants et déterminez si la phrase est abstraite ou concrète.

Exemple :

1. Abstrait <u>Concret</u>   M. Lopez : le premier étage → le rez-de-chaussée pour enseigner

   M. Lopez vient du premier étage et il va au rez-de-chaussée pour enseigner.

2. Abstrait Concret   Les enfants : la maison → l'école

   _____

Cinéphile — Etre et Avoir

3. **Abstrait Concret** M. Lopez : une famille d'ouvriers → l'université pour devenir instituteur

___

4. **Abstrait Concret** Le père de M. Lopez : Espagne → en France

___

5. **Abstrait Concret** Les parents : la maison → l'école pour parler avec M. Lopez

___

Le passé récent et le futur proche

A. *L'ordre.* Complétez les phrases suivantes avec *le passé récent ou le futur proche* selon le contexte.

1. La camionnette _____ prendre les enfants. Ils sont dans la camionnette. Ils _____ aller à l'école.

2. Les enfants _____ arriver à l'école. Ils cherchent leurs places. Ils _____ travailler.

3. Jonathan, Julien, Nathalie et Olivier _____ aller au collège à la rentrée prochaine. Ils _____ réussir aux examens. Ils sont contents !

4. Jojo _____ se laver les mains. Elles sont toujours sales. Il _____ se relaver les mains.

5. Julien et Olivier _____ se disputer. M. Lopez parle avec eux. Les enfants _____ essayer d'être amis.

6. Julien _____ rentrer à la maison. Il travaille à la ferme. Après son travail, il _____ faire ses devoirs.

7. Julien _____ demander de l'aide pour ses devoirs. Sa famille arrive. Ils _____ essayer de résoudre le problème.

8. Les petits disent qu'ils _____ être instituteurs comme M. Lopez quand ils seront grands.

9. M. Lopez _____ prendre sa retraite dans un an.

10. Les enfants sont très contents ! Ils _____ terminer l'année scolaire.

Le verbe faire

A. *Le temps*. Choisissez la bonne réponse.

1. Le film commence au mois de décembre, _____.
   a. il fait beau.　　　　b. il fait frais.　　　　c. il neige.

2. Les hivers sont durs en Auvergne, _____.
   a. il fait doux.　　　　b. il fait froid.　　　　c. il fait chaud.

3. Les enfants font de la luge, _____.
   a. il neige.　　　　b. il pleut.　　　　c. il grêle.

4. Pendant les scènes de récréation au début du film _____.
   a. il fait frais.　　　　b. il fait froid.　　　　c. il fait chaud.

5. Julien travaille à la ferme, _____.
   a. il fait mauvais.　　　　b. il y a du vent.　　　　c. il fait beau.

6. Au début de la fête de l'anniversaire de Nathalie, _____. Mais, un peu plus tard, _____.
   a. il pleut.　　　　b. il fait du soleil.　　　　c. il fait froid.

7. Les élèves sortent de l'école. M. Lopez les accompagne avec des parapluies parce qu' _____.
   a. il grêle.　　　　b. il neige.　　　　c. il pleut.

8. Les élèves ont cours dehors parce qu'_____.
   a. il fait beau.　　　　b. il fait froid.　　　　c. il fait mauvais.

9. Les élèves font un pique-nique, _____.
   a. il y a un orage.　　　　b. il fait mauvais.　　　　c. il fait doux.

10. A la fin du film, _____ parce que c'est l'été.
    a. il fait gris.　　　　b. il fait beau.　　　　c. il y a du vent.

B. *Saisons!* Quel temps fait-il en Auvergne ? Que font les enfants ? Indiquez le temps qu'il fait, la saison et une activité. Utilisez *les expressions avec faire*.

	la saison	le temps	l'activité
	C'est le printemps.	Il fait doux, mais il pleut !	Ils font du vélo.

Cinéphile　　　　　　　　　　　　　　　　　　　　　　　　　　　　　　　　Etre et Avoir

La négation

A. *Faux !* Les phrases suivantes sont fausses. Mettez les phrases suivantes au négatif pour les corriger. Utilisez *les expressions négatives : ne … jamais, ne … pas, ne … personne, ne … plus ; ne … rien*. Attention aux articles !

1. Au début du film, il y a <u>quelqu'un</u> dans la salle.
   _____

2. Dans le village, il y <u>a</u> beaucoup de maisons et de bâtiments.
   _____

3. Le village <u>est</u> très animé et il y a <u>toujours quelque chose</u> à faire.
   _____

4. L'école <u>est</u> très grande et moderne.
   _____

5. Les élèves ont <u>toujours</u> des problèmes avec l'instituteur.
   _____

6. Nathalie <u>est</u> très bavarde parce qu'elle <u>a</u> beaucoup de confiance en elle.
   _____

7. Nathalie parle à <u>tout le monde</u>.
   _____

8. Après cette année, Jonathan, Julien, Nathalie et Olivier vont <u>toujours</u> à l'école primaire.
   _____

9. Après l'an prochain, M. Lopez va <u>toujours</u> être instituteur.
   _____

10. A la fin du film, M. Lopez <u>est</u> très content ; il veut <u>toujours</u> prendre sa retraite et quitter l'école.
    _____

B. *Absence v. présence.* Un grand thème du film est : ce que les gens du film sont / ne sont pas et ce qu'ils ont / n'ont pas. Complétez le tableau et écrivez des phrases qui montrent ce contraste. Utilisez *les verbes être et avoir et les expressions négatives.* Attention aux articles !

Concret		
	Présence	**Absence**
ETRE		pas nombreux
AVOIR		pas de bibliothèque
Abstrait		
	Présence	**Absence**
ETRE	polis	
AVOIR	la richesse familiale	

1. Concret

    Etre

    _____

    _____

    Avoir

    _____

    _____

2. Abstrait

    Etre

    _____

    _____

    Avoir

    _____

    _____

Cinéphile — Etre et Avoir

Jeux

A. *Rédaction !* Vous êtes l'instituteur. Corrigez la composition d'un de vos élèves.

Michel Marceau
le 29 setembre

Une rédaction
Ma vie à la école

Je suis huit ans et je vai à la école de Saint-Etienne-sur-Usson. J'aie une ami et un amie. J'eme fais de les maths mais je ne eme pa le français. Après la école, mes ami vienent chez mois. Nous faizons de le football. Ils sont set heure maintenant. Je mange et je vaie à le lit !

Version corrigée   Michel Marceau
_____

Une rédaction
_____

_____
_____
_____
_____
_____
_____
_____

B. *Qui est-ce ?* Lisez les phrases suivantes à haute voix et déterminez si c'est l'instituteur ou un enfant/des enfants qui les disent.

1. Allez, assoyez-vous.	l'instituteur	Létitia
2. C'est un petit peu bien.	l'instituteur	Marie
3. C'est un vilain cauchemar … un vilain rêve.	l'instituteur	Axel
4. Après 7 il y a 6 … après 7 il y a 8.	l'instituteur	Jojo
5. Nous aussi ! Nous avons des boules de neige !	l'instituteur	Axel
6. Tu n'as pas envie de travailler aujourd'hui ?	l'instituteur	Jojo
7. … la gomme, c'était à moi.	l'instituteur	Alizé
8. C'est facile de dire une insulte … ça peut faire très mal.	l'instituteur	Julien
9. Moi, j'ai eu envie d'être instit très très tôt en fait.	l'instituteur	Axel
10. Au revoir Monsieur !	l'instituteur	les élèves

C. *Scènes.* Pensez aux scènes suivantes. Décidez si la scène décrite est plutôt comique, neutre ou triste.

1.	comique	neutre	triste	Jojo compte. Le numéro 6 vient après le numéro 7.
2.	comique	neutre	triste	Les élèves font des crêpes.
3.	comique	neutre	triste	Quelqu'un vole la gomme d'Alizé.
4.	comique	neutre	triste	M. Lopez parle avec Nathalie de ses difficultés à s'exprimer.
5.	comique	neutre	triste	Jojo se lave les mains.
6.	comique	neutre	triste	Johann pousse Jojo. Jojo tombe et pleure.
7.	comique	neutre	triste	M. Lopez parle de sa famille et de son métier.
8.	comique	neutre	triste	Jojo et Marie font des photocopies.
9.	comique	neutre	triste	Olivier parle avec M. Lopez de la maladie de son père.
10.	comique	neutre	triste	On cherche Alizé qui s'est perdue dans le champ.

Mise en pratique

A. *En général.* Répondez aux questions suivantes. Ecrivez deux ou trois phrases.

1. Décrivez le début du film. Quel temps fait-il ? Quelle saison est-ce ?

   _____
   _____
   _____

2. Décrivez la fin du film. Quel temps fait-il ? Quelle saison est-ce ?

   _____
   _____
   _____

3. Comment est le village de Saint-Etienne-sur-Usson ?

   _____
   _____
   _____

4. Comment est l'école ?

   _____
   _____
   _____

5. Comment sont les maisons du village ?

   _____
   _____
   _____

6. Comment est l'instituteur ? Est-ce qu'il est content ?

   _____
   _____
   _____

7. Comment sont les enfants ? Est-ce qu'ils sont contents ?

8. Quelle est l'importance de la région choisie par le cinéaste ?

9. Quelle est l'importance des scènes où Julien conduit le tracteur, travaille à la ferme et prépare le dîner ?

10. Décrivez la scène où Julien fait ses devoirs de maths avec ses parents. Pourquoi est-ce qu'ils ont du mal ?

11. Après la dispute entre Julien et Olivier, M. Lopez leur dit qu'il faut être amis. Pourquoi ?

12. Cette année est très importante pour Jonathan, Julien, Nathalie et Olivier. Pourquoi ? Qu'est-ce qu'ils vont faire l'année prochaine ? Est-ce qu'ils ont peur ? Pourquoi ?

13. L'année prochaine va être très importante pour M. Lopez. Qu'est-ce qu'elle représente pour lui ?

14. Qui est votre personnage préféré ? Justifiez votre réponse avec des exemples du film.

15. Est-ce que le titre Etre et avoir est un bon titre pour ce film ? Comment est-ce que vous pouvez expliquer ce titre ?

Communication

A. **Portraits.** Choisissez un personnage du film. Faites son portrait physique et moral. Lisez votre description à votre classe. Vos camarades de classe devinent le nom du personnage. Utilisez *le verbe être*.

B. **Richesse.** Faites un débat sur la phrase suivante : Les enfants sont très riches. Utilisez *les verbes être et avoir et les expressions négatives*.

C. **Emploi du temps.** Vous et votre partenaire créez l'emploi du temps rêvé de Julien. Où est-ce qu'il va pendant la journée ? Qu'est-ce qu'il fait pendant la journée ? Utilisez *les verbes aller, venir et faire et les expressions avec faire*.

D. **Météo.** La météo est très importante pour les gens du village. Avec votre partenaire faites les prévisions météo pour chaque saison en Auvergne et suggérez les vêtements qui vont avec le temps qu'il fait. Utilisez *le verbe faire et le vocabulaire du cahier*.

E. **Bagarre.** Julien et Olivier viennent de se disputer. L'instituteur va intervenir. Préparez votre dialogue et jouez les rôles de l'instituteur, de Julien et d'Olivier avec vos partenaires. Utilisez *le passé récent et le futur proche et les expressions négatives*.

F. **Pour ou contre ?** Est-ce que vous aimez le film ? Complétez le tableau suivant et présentez vos opinions à vos camarades de classe.

Etre et avoir un film de Nicolas Philibert			
L'intrigue	☐ très bien	☐ moyen	☐ sans intérêt particulier
Le décor	☐ très bien	☐ moyen	☐ sans intérêt particulier
Les costumes	☐ très bien	☐ moyen	☐ sans intérêt particulier
Les effets spéciaux	☐ très bien	☐ moyen	☐ sans intérêt particulier
Les personnages	☐ très bien	☐ moyen	☐ sans intérêt particulier
Les acteurs	☐ très bien	☐ moyen	☐ sans intérêt particulier
Le film en général	☐ très bien	☐ moyen	☐ sans intérêt particulier

Photos

Photo N°1

A. *Détails.* Regardez la photo et cochez les bonnes réponses.

Photo N°1			
Lieu :			
☐ l'ecole	☐ une maison	☐ autre_____	
☐ l'extérieur	☐ l'intérieur	☐ autre_____	
Personnages :			
☐ un parent	☐ l'instituteur		
☐ Marie	☐ Jojo	☐ Julien	☐ Nathalie
Emotions :			
☐ la colère	☐ la patience	☐ l'impatience	☐ la joie
☐ la tristesse	☐ l'incertitude	☐ l'ennui	☐ la peur

Etre et Avoir   Cinéphile

B. Vrai ou Faux ? Déterminez si les phrases sont vraies ou fausses.

1. vrai   faux   Les deux personnages s'amusent beaucoup !
2. vrai   faux   Le monsieur raconte une histoire à l'enfant.
3. vrai   faux   Le monsieur n'est pas content du comportement de l'enfant.
4. vrai   faux   Le monsieur va punir l'enfant.
5. vrai   faux   L'enfant est très fâché. Il va désobéir au monsieur.

C. En général. Répondez aux questions suivantes. Ecrivez deux ou trois phrases.

1. Qu'est-ce qui se passe ? Faites une petite description de la photo.

   _____
   _____
   _____

2. Où est-ce que la scène se passe ? Faites un inventaire de ce que vous voyez.

   _____
   _____
   _____

3. Est-ce qu'il fait froid ou chaud ? Justifiez votre réponse

   _____
   _____
   _____

4. Donnez un titre à la photo. Justifiez votre choix.

   _____
   _____
   _____
   _____

Photo N°2

A. **Détails.** Regardez la photo et cochez les bonnes réponses.

Photo N°2			
Lieu :			
☐ l'ecole	☐ une maison	☐ autre_____	
☐ l'extérieur	☐ l'intérieur	☐ autre_____	
Personnages :			
☐ un parent	☐ l'instituteur		
☐ Marie	☐ Jojo	☐ Julien	☐ Nathalie
Emotions :			
☐ la colère	☐ la patience	☐ l'impatience	☐ la joie
☐ la tristesse	☐ l'incertitude	☐ l'ennui	☐ la peur

Etre et Avoir — Cinéphile

B. *Vrai ou Faux ?* Déterminez si les phrases sont vraies ou fausses.

1. vrai faux Le monsieur et les enfants jouent à un jeu.
2. vrai faux Le monsieur n'est pas content du comportement des enfants.
3. vrai faux Les enfants s'ennuient. Ils veulent aller jouer dehors !
4. vrai faux Le monsieur et les enfants regardent le travail de Jojo.
5. vrai faux Les enfants ne s'intéressent pas au travail.

C. *En général*. Répondez aux questions suivantes. Ecrivez deux ou trois phrases.

1. Qu'est-ce qui se passe ? Faites une petite description de la photo.

   _____
   _____
   _____

2. Où est-ce que la scène se passe ? Faites un inventaire de ce que vous voyez.

   _____
   _____
   _____

3. Est-ce qu'il fait froid ou chaud ? Justifiez votre réponse.

   _____
   _____
   _____

4. Donnez un titre à la photo. Justifiez votre choix.

   _____
   _____
   _____
   _____

Photo N°3

A. **Détails.** Regardez la photo et cochez les bonnes réponses.

Photo N°3			
Lieu :			
☐ l'ecole	☐ une maison	☐ autre_____	
☐ l'extérieur	☐ l'intérieur	☐ autre_____	
Personnages :			
☐ un parent	☐ l'instituteur		
☐ Nathalie	☐ Olivier	☐ Alizé	☐ Julien
☐ Marie	☐ Jonathan	☐ Guillaume	☐ Johann
Emotions :			
☐ la colère	☐ la patience	☐ l'impatience	☐ la joie
☐ la tristesse	☐ l'incertitude	☐ l'ennui	☐ la peur

Etre et Avoir   Cinéphile

B. *Vrai ou Faux ?* Déterminez si les phrases sont vraies ou fausses.

1. vrai   faux   C'est la récréation et les enfants jouent dans la cour.
2. vrai   faux   Le monsieur punit les enfants.
3. vrai   faux   Les enfants font un travail ensemble.
4. vrai   faux   Les enfants font attention au monsieur.
5. vrai   faux   Les enfants sont dehors parce qu'il y a un problème dans la salle.

C. *En général.* Répondez aux questions suivantes. Ecrivez deux ou trois phrases.

1. Qu'est-ce qui se passe ? Faites une petite description de la photo.

   _____
   _____
   _____

2. Où est-ce que la scène se passe ? Faites un inventaire de ce que vous voyez.

   _____
   _____
   _____

3. Pourquoi est-ce que l'instituteur et les enfants sont dans le jardin ? Expliquez.

   _____
   _____
   _____

4. Donnez un titre à la photo. Justifiez votre choix.

   _____
   _____
   _____
   _____

Lecture

Education

L'école

L'école publique nationale est gratuite et laïque°. Les enfants peuvent aller à l'école à partir de l'âge de trois ans. Dans certains cas, si l'enfant est prêt physiquement et psychologiquement, il peut commencer à l'âge de deux ans. L'école est obligatoire de 6 à 16 ans. Il y a quatre étapes : l'école maternelle (facultative), l'école primaire ; le collège ; le lycée. Après avoir réussi au baccalauréat, l'élève peut continuer ses études supérieures (universitaires).

°Laïque : sans domination religieuse. Depuis 1905, l'Eglise et L'Etat sont complètement séparés en France. Il n'y a donc aucun enseignement religieux dans les écoles publiques.

La semaine

En primaire, la plupart des écoles ont une semaine de quatre jours. Il n'y a pas de cours le mercredi. Les cours commencent vers 8h30 et se terminent vers 4 heures 30. Il y a des pauses pour la récréation et pour le déjeuner. En général, les élèves ont 26 heures de cours par semaine.

Les congés

La rentrée scolaire est au mois de septembre. L'année scolaire se termine et les vacances d'été commencent à la fin du mois de juin. Les congés scolaires sont nombreux : la Toussaint (fin octobre – début novembre) ; Noël (fin décembre – début janvier) ; hiver (mi-février – fin février) ; printemps (début avril – mi-avril). Il y a aussi de nombreuses fêtes.

Education nationale primaire et secondaire			
	Classes	Age théorique	Examens
Ecole primaire			
Ecole maternelle	Petite section	3 - 4 ans	
	Moyenne section	4 - 5 ans	
	Grande section	5 - 6 ans	
Ecole primaire	CP Cours préparatoire	6 - 7 ans	
	CE1 Cours élémentaire 1	7 - 8 ans	
	CE2 Cours élémentaire 2	8 - 9 ans	
	CM1 Cours moyen 1	9 - 10 ans	
	CM2 Cours moyen 2	10 - 11 ans	
Ecole secondaire			
Collège	6ème	11 - 12 ans	
	5ème	12 - 13 ans	
	4ème	13 - 14 ans	
	3ème	14 - 15 ans	Brevet
Lycée	2nde	15 - 16 ans	
	1ère	16 - 17 ans	
	Terminale	17 - 18 ans	Baccalauréat

Fêtes françaises		
Date	Fête	
le 1er janvier	le Jour de l'An	férié
le 6 janvier	la fête des Rois (Epiphanie)	
le 14 février	la Saint-Valentin	
39 jours avant Pâques	Mardi gras	
40 jours avant Pâques	le Mercredi des cendres	
le 1er avril	le poisson d'avril	
entre le 22 mars et le 25 avril	Pâques	férié
le 1er mai	la Fête du travail	férié
le 8 mai	la Fête de la victoire 1945	férié
le dernier dimanche de mai	la fête des Mères	
40 jours après Pâques	l'Ascension	férié
10 jours après l'Ascension	la Pentecôte	férié
le 3e dimanche de juin	la fête des Pères	
le 14 juillet	la Fête nationale	férié
le 15 août	l'Assomption	férié
le 1er novembre	La Toussaint	férié
le 11 novembre	L'armistice 1918	férié
le 25 décembre	Noël	férié

A. *Vrai ou Faux ?* Déterminez si les phrases sont vraies ou fausses.

1. vrai   faux   L'école publique française est gratuite.
2. vrai   faux   L'église influence l'éducation nationale.
3. vrai   faux   Il faut avoir 5 ans pour aller à l'école.
4. vrai   faux   L'école n'est plus obligatoire à partir de l'âge de 16 ans.
5. vrai   faux   Les élèves vont à l'école le lundi, le mardi, le mercredi et le jeudi.

B. *En quel mois ?* Ecrivez le mois ou les mois qui correspondent aux descriptions suivantes.

1. _____   la rentrée scolaire
2. _____   les vacances d'été
3. _____   la fin de l'année scolaire
4. _____   les vacances d'hiver
5. _____   les vacances de printemps

C. *Ecole primaire.* Ecrivez les âges qui correspondent à l'école et à la classe. Puis, mettez les écoles et les classes en ordre chronologique.

Ecoles _____ ans _____ Ecole primaire

_____ ans _____ Ecole maternelle

Classes _____ ans _____ CE1

_____ ans _____ CM2

_____ ans _____ CE2

_____ ans _____ CP

_____ ans _____ CM1

D. *En général.* Répondez aux questions suivantes. Ecrivez deux ou trois phrases.

1. Quels sont les deux grands examens que les élèves passent ?

   _____

   _____

2. Que veut dire laïque ?

   _____

   _____

3. Qu'est-ce qu'un jour férié ? Donnez quelques exemples.

   _____

   _____

4. Est-ce que les enfants vont à l'école à l'âge de trois ans aux Etats-Unis ? Expliquez.

   _____

   _____

5. Est-ce que les enfants peuvent quitter l'école à l'âge de seize ans aux Etats-Unis ? Expliquez.

   _____

   _____

Volet 4
Culture

☐ ☐

Compréhension générale

A. *Le cinéma français.* Choisissez la réponse qui ne va pas.

1. Genres de films français :
   - ☐ les drames
   - ☐ les comédies
   - ☐ les bandes dessinées
   - ☐ les documentaires
   - ☐ les films de cape et d'épée
   - ☐ les films d'aventure

2. Films français :
   - ☐ Les Visiteurs
   - ☐ Le Dernier métro
   - ☐ L'Auberge espagnole
   - ☐ La Bamba
   - ☐ La Haine
   - ☐ Le Fabuleux destin d'Amélie Poulain

3. Acteurs français :
   - ☐ Vincent Cassel
   - ☐ Mathieu Kassovitz
   - ☐ Jean Reno
   - ☐ Daniel Auteuil
   - ☐ Antonio Banderas
   - ☐ Christian Clavier

4. Actrices françaises :
   - ☐ Catherine Deneuve
   - ☐ Juliette Binoche
   - ☐ Vanessa Paradis
   - ☐ Isabelle Huppert
   - ☐ Audrey Tautou
   - ☐ Angelina Jolie

5. Cinéastes français :
   - ☐ Mathieu Kassovitz
   - ☐ Francis Ford Coppola
   - ☐ Jean-Luc Godard
   - ☐ Francis Veber
   - ☐ Louis Malle
   - ☐ François Truffaut

B. *Documentaires français.* Choisissez la réponse qui ne va pas.

1. Eléments des documentaires :
   - ☐ des histoires fictives
   - ☐ des interviews
   - ☐ des photographies
   - ☐ une narration
   - ☐ de la musique
   - ☐ des extraits du journal télévisé

2. Adjectifs caractérisants de documentaires :
   - ☐ éducatif
   - ☐ fictif
   - ☐ ennuyeux
   - ☐ informatif
   - ☐ subjectif
   - ☐ objectif

Cinéphile

3. Thèmes des documentaires :

   ☐ l'éducation ☐ les maladies ☐ la nature

   ☐ l'heure ☐ le climat ☐ la culture contemporaine

4. Thèmes du film *Etre et avoir* :

   ☐ l'éducation ☐ la vie quotidienne ☐ la nature

   ☐ le climat ☐ les animaux sauvages ☐ l'enfance

5. Documentaires de Nicolas Philibert :

   ☐ Qui sait ? ☐ Le Pays des sourds ☐ Les Misérables

   ☐ Etre et Avoir ☐ Un Animal, des animaux ☐ La Moindre des choses

C. D'accord ou pas d'accord ? Indiquez si vous êtes d'accord ou si vous n'êtes pas d'accord avec les phrases suivantes. Justifiez votre choix.

1. Les documentaires sont ennuyeux.

   d'accord   pas d'accord   _____

   _____

2. Les documentaires ont souvent un but éducatif.

   d'accord   pas d'accord   _____

   _____

3. Les documentaires sont pour les intellectuels.

   d'accord   pas d'accord   _____

   _____

4. Les documentaires sont l'ancêtre de la télé-réalité.

   d'accord   pas d'accord   _____

   _____

5. Les documentaires sont toujours objectifs.

   d'accord   pas d'accord   _____

   _____

Mise en pratique

A. *En général*. Répondez aux questions suivantes. Ecrivez deux ou trois phrases.

1. Est-ce que vous aimez les documentaires ? Pourquoi ou pourquoi pas ?

   _____
   _____
   _____

2. Pourquoi est-ce que les gens n'aiment pas les documentaires en général ?

   _____
   _____
   _____

3. Pourquoi est-ce que très peu de documentaires connaissent un grand succès ?

   _____
   _____
   _____

4. Quels thèmes sont présentés dans le film *Etre et avoir* ? Justifiez votre réponse en citant des exemples précis du film.

   _____
   _____
   _____

5. Est-ce que le documentaire *Etre et avoir* est un documentaire typique ? Justifiez votre réponse en citant des exemples précis du film.

   _____
   _____
   _____

Recherches

Faites des recherches sur les sujets suivants.

A. *Ecole !* Etudiez le système éducatif en France. Complétez les rubriques suivantes.

- Description des écoles – ce qu'il faut savoir sur les écoles (des renseignements généraux).
- Rentrée – ce qu'il faut faire pour se préparer pour la rentrée.
- Fêtes – ce qu'il faut savoir sur les fêtes et les jours fériés.
- Vacances – ce que l'on peut faire pendant les vacances.

   www.education.fr
   www.education.gouv.fr
   www.frenchculture.org
   www.info-france-usa.org

B. *Ecole à classe unique.* Les écoles à classe unique existent toujours en France et dans le monde. Faites des recherches sur ces écoles. Complétez les rubriques suivantes.

- Combien d'écoles à classe unique est-ce qu'il y a ? Où se trouvent ces écoles en général ? Comment sont-elles en général ?
- Combien d'élèves est-ce qu'il y a dans les écoles ? Quel âge ont les enfants ?
- Qu'est-ce que les élèves apprennent ?
- Quelles sont les difficultés de l'enseignant ? des élèves ?
- Est-ce que le Ministère de l'éducation nationale s'inquiète pour ces écoles ?
- Qu'est-ce que vous pensez de ce genre d'école ?

Sites généraux	Sites des écoles à classe unique
www.education.fr	http://netia59.ac-lille.fr/0590896D/
www.education.gouv.fr	http://www.ecentrev.edres74.ac-grenoble.fr/index.htm
www.frenchculture.org	http://aspage.chez.tiscali.fr/clasuniq.htm
www.info-france-usa.org	http://ecoles33.ac-bordeaux.fr/LeNizan/index.html

C. *Tourisme !* L'Auvergne est une destination touristique grâce à ses beaux paysages et à son histoire riche. Préparez une brochure sur l'Auvergne. Complétez les rubriques suivantes.

- Population
- Géographie
- Climat
- Hébergement
- Restauration
- Activités touristiques
- Musées et monuments

    www.st.etienne-sur-usson.com
    www.cr-auvergne.fr
    www.crt-auvergne.com
    www.auvergne.pref.gouv.fr
    www.france-voyage.com

D. *Météo*. La météo intéresse les agriculteurs aussi bien que les gens dans le métier du tourisme et ceux qui planifient des voyages !

1. Etudiez les trois climats. Décrivez le temps qu'il fait pendant chaque saison (l'automne, l'hiver, le printemps et l'été).
    - Continental
    - Océanique
    - Méditerranéen

2. Faites les prévisions météo pour les régions suivantes.
    - L'Ile-de-France
    - L'Auvergne
    - La Provence
    - La Bretagne

3. Regardez deux ou trois sites pour prévoir la météo. Comparez les prévisions des sites.
    www.meteofrance.com
    www.meteo123.com
    www.meteo.france2.fr
    www.msn.fr/meteo
    www.news.yahoo.com/meteo/

E. ***Cinéma.*** Les documentaires sont de plus en plus vus dans les cinémas. Nicolas Philibert est un cinéaste assez connu pour ses documentaires. Préparez une fiche sur Philibert et sur son travail.
- Biographie
- Filmographie
- Présentation de cinq films récents de Philibert

www.allocine.com
www.biosstars.com
www.canalstars.com
www.cinemovie.fr
www.ecrannoir.fr
www.ifrance.com/icine/
www.imdb.com
www.monsieurcinema.com
www.worldcinemag.com
www.yahoo.fr

Fiche d'identité

Biographie

Nom :
Prénom :
Nationalité :
Date de naissance :
Lieu de naissance :
Situation de famille :
Lieu de résidence :
Autres professions :
Loisirs :

Filmographie

César

Théâtre

Télévision

Ecrivez-lui !

Adresse :

Cinéphile — Etre et Avoir

Lexique : français/anglais

Vocabulaire du cinéma

Les genres de films

un film	*a movie*	un drame	*a drama*
une comédie	*a comedy*	un film d'action	*an action film*
une comédie romantique	*a romantic comedy*	un film d'aventures	*an adventure film*
un documentaire	*a documentary*	un western	*a Western*

Les gens du cinéma

un/e acteur/trice	*an actor/an actress*	un/e réalisateur/trice	*a director*
un héros/une héroïne	*a hero/ a heroine*	un rôle	*a role*
un metteur en scène	*a director*	un rôle principal	*a starring role*
un personnage	*a character*	un/une scénariste	*a screenwriter*
un personnage principal	*a main character*	un/e spectateur/trice	*a viewer*
un personnage secondaire	*a supporting character*	une vedette	*a star (m/f)*

Pour parler des films

les accessoires (m)	*props*	le film à succès	*box office hit*
la bande sonore	*sound track*	l'intrigue (f)	*plot*
le bruitage	*sound effects*	le montage	*the editing*
la caméra	*camera*	la musique de film	*the music score*
la cassette vidéo	*video*	le scénario	*screenplay*
le costume	*costume*	la scène	*scene*
le décor	*background*	le son	*sound*
le DVD	*DVD*	les sous-titres (m)	*subtitles*
l'échec (m)	*flop, failure*	tourner un film	*to shoot a film*
les effets spéciaux (m)	*special effects*	produire un film	*to produce a film*

Pour écrire

J'admire…	*I admire…*	d'ailleurs	*in any case*
J'aime… / je n'aime pas…	*I like…/ I don't like…*	enfin	*finally*
J'apprécie…	*I appreciate, enjoy…*	ensuite	*then, next*
Je déteste…	*I hate…*	en tout cas	*in any case*
Je préfère…	*I prefer…*	finalement	*finally*
Je pense que…	*I think that…*	franchement	*frankly*
à la fin	*at the end*	mal	*poorly, badly*
à mon avis	*in my opinion*	pendant que	*while*
afin de	*in order to*	peu	*little*
après	*after*	premièrement	*firstly*
alors	*so*	quelquefois	*sometimes*
au début	*in the beginning*	souvent	*often*
beaucoup	*a lot*	toujours	*always*
bien	*well*	trop	*too much*
d'abord	*first*	vraiment	*really*

Cinéphile   Etre et Avoir

Vocabulaire du film

Jours de la semaine

lundi	Monday	vendredi	Friday
mardi	Tuesday	samedi	Saturday
mercredi	Wednesday	dimanche	Sunday
jeudi	Thursday		

Mois de l'année

janvier	January	juillet	July
février	February	août	August
mars	March	septembre	September
avril	April	octobre	October
mai	May	novembre	November
juin	June	décembre	December

Saisons

l'automne (m)	fall	en automne (m)	in the fall
l'hiver (m)	winter	en hiver (m)	in the winter
le printemps	spring	au printemps	in the spring
l'été (m)	summer	en été (m)	in the summer

Passage du temps

l'année prochaine (f)	next year	le matin	morning
l'année dernière (f)	last year	l'après-midi (m)	afternoon
aujourd'hui	today	le soir	evening
demain	tomorrow	l'heure (f)	time
hier	yesterday		

Temps

Il fait...	It's...	Il y a...	It's...
beau	beautiful	des nuages (m)	cloudy
bon	nice	des orages (m)	stormy
chaud	hot	du soleil	sunny
doux	mild	du vent	windy
du soleil	sunny	Il grêle.	It's hailing.
frais	cool	Il neige.	It's snowing.
froid	cold	Il pleut.	It's raining.
gris	gray	la météo	the forecast
humide	humid	le temps	the weather
mauvais	bad (weather)		
# degrés	# degrees		

Le paysage et les endroits

l'arbre (m)	tree	la mer	sea
la campagne	country, countryside	la montagne	mountain
la cascade	waterfall	le musée	museum
le champ	field	l'océan (m)	ocean
la colline	hill	la plage	beach
la forêt	forest	la plaine	plains
la gare	train station	le restaurant	restaurant
l'herbe (f)	grass	la rivière	river
le lac	lake	le village	small town
la maison	house, home	la ville	city

A l'école

les écoles (f)	schools	les salles (f)	rooms
l'école à classe unique	single room school	le bureau	office
l'école primaire	elementary school	la bibliothèque	library
le collège	junior high school	la cantine	lunch room
le lycée	high school	la cour de récréation	courtyard/playground
l'université (f)	university, college	l'infothèque (f)	computer lab
les gens	people	le laboratoire	laboratory
l'assistant/e	assistant, aide	la salle de classe	classroom
le cancre	dunce	l'année scolaire (f)	school year
le chouchou / te	teacher's pet	le congé	day-off
le conseiller	counselor	le jour férié	national holiday
l'élève (m/f)	student	la rentrée	back-to-school
l'instituteur / trice	elementary school teacher	les vacances (f)	vacation
le/la remplaçant/e	substitute		

Dans la salle de classe

l'affiche (f)	poster	la disquette	diskette
le CD	CD	la feuille	paper
le cahier	workbook	le feutre	marker
la cartable	book bag	la gomme	eraser
la cassette	audio cassette	le livre	book
la chaise	chair	l'ordinateur (m)	computer
les ciseaux (m)	scissors	le pupitre	desk
le coloriage	coloring	le stylo	pen
le crayon	pencil	la table	table
la dictée	dictation	le tableau (noir)	blackboard
les devoirs	homework		

Matières

l'anglais (m)	English	l'informatique (f)	Computer science
l'art (m)	Art	la matière	subject
l'éducation civique (f)	Civil education	les maths (f)	Math
l'éducation physique (f)	Physical education	la musique	Music
le français	French	la récréation	recess
la géographie	Geography	les sciences (f)	Science
l'histoire (f)	History		

Vêtements

un anorak	parka	un imperméable	raincoat
des baskets (m)	tennis shoes	un jean	jeans
un bleu (de travail) (m)	coveralls	une jupe	skirt
des bottes (f)	boots	un pantalon	pants
un chapeau	hat	des pantoufles (f)	slippers
une chemise	shirt	un pull (polaire)	sweater (fleece)
des collants (m)	tights	un short	shorts
un costume	man's suit	un tee-shirt	t-shirt
des gants (m)	gloves	une veste	sports coat/coat
un foulard	scarf		

Emotions

l'angoisse (f)	anxiety	l'inquiétude (f)	worry, concern
la colère	anger	la joie	joy
l'ennui (m)	boredom	la patience	patience
la frustration	frustration	la peur	fear
l'impatience (f)	impatience	le remords	remorse
l'incertitude (f)	uncertainty	la tristesse	sadness

Adjectifs

adorable	adorable, cute	intime	intimate
agaçant/e	annoying	lourd/e	heavy
agréable	agreeable, pleasant	ludique	light, amusing
aisé/e	well off	malcontent/e	unhappy
amical/e	friendly	malin/maligne	mischievous
autoritaire	authoritative	mauvais/e	bad
calme	calm	méchant/e	mean
chaleureux/euse	warm, hospitable	mignon/nne	cute
charmant/e	charming	moqueur/euse	mocking
comique	comical, funny	ondulé/e	wavy
content/e	content, happy	ouvert/e	open
désagréable	disagreeable, unpleasant	patient/e	patient
distant/e	distant	poli/e	polite
émouvant/e	moving	relaxe	relaxed
ennuyeux/euse	boring	réservé/e	reserved
fâché/e	angry	rude	difficult
généreux/euse	generous	sage	well behaved, wise
gentil/lle	nice	tendu/e	tense
heureux/euse	happy	timide	shy
impatient/e	impatient	triste	sad
impoli/e	impolite	troublé/e	troubled
indulgent/e	indulgent, lenient		

Etre et Avoir

Cinéphile

Verbes

avoir	to have	être	to be
# ans	to be # years old	à l'heure	to be on time
besoin de + infinitif	to need to	d'accord	to be right
besoin de + nom	to need + noun	de bonne humeur	to be in a good mood
chaud	to be hot	de mauvaise humeur	to be in a bad mood
confiance en	to have confidence in	de revenue modéré	to earn an average living
des complexes	to have complexes	en retard	to be late
des soucis	to have worries	en train de + inf.	to be in the process of...
du bon sens	to have common sense	sur le point de + inf	to be on the verge of...
du mal à + infinitif	to have difficulty in doing...	faire	to do, to make
envie de + infinitif	to feel like...	une dictée	to do a dictation
envie de + nom	to feel like	de l'aviron	to row (crew)
faim	to be hungry	du baseball	to play baseball
froid	to be cold	du football	to play soccer
l'air + adjectif	to look, seem + adjective	de la luge	to sled
l'habitude de + inf.	to be in the habit of doing...	du vélo	to ride a bicycle
l'intention de + inf.	to intend to...	de la voile	to sail
le temps de + inf.	to have the time to...	ses devoirs (m)	to do homework
raison	to be right	jouer au loup	to play tag
soif	to be thirsty	passer un examen	to take a test
tort	to be wrong	prendre sa retraite	to retire
désobéir	to disobey	punir	to punish
		réussir à un examen	to pass a test
		se bagarrer	to have a fight

Lexique : anglais/français

Vocabulaire du cinéma

Les genres de films

action film	un film d'action	drama	un drame
adventure film	un film d'aventures	movie	un film
comedy	une comédie	romantic comedy	une comédie romantique
documentary	un documentaire	Western	un western

Les gens du cinéma

actor/ actress	un/e acteur/trice	role	un rôle
character	un personnage	screenwriter	un/une scénariste
director	un metteur en scène	star (m/f)	une vedette
director	un/e réalisateur/trice	starring role	un rôle principal
hero/heroine	un héros/une héroïne	supporting character	un personnage secondaire
main character	un personnage principal	viewer	un spectateur

Pour parler des films

background	le décor	sound	le son
box office hit	le film à succès	sound effects	le bruitage
camera	la caméra	sound track	la bande sonore
costume	le costume	special effects	les effets spéciaux (m)
DVD	le DVD	subtitles	les sous-titres (m)
flop, failure	l'échec (m)	the editing	le montage
plot	l'intrigue (f)	the music score	la musique de film
props	les accessoires (m)	to produce a film	produire un film
scene	la scène	to shoot a film	tourner un film
screenplay	le scénario	video	la cassette vidéo

Pour écrire

a lot	beaucoup	in any case	d'ailleurs
after	après	in my opinion	à mon avis
always	toujours	in order to	afin de
at the end	à la fin	in the beginning	au début
finally	enfin	little	peu
finally	finalement	often	souvent
first	d'abord	poorly, badly	mal
firstly	premièrement	really	vraiment
frankly	franchement	so	alors
I admire...	J'admire...	sometimes	quelquefois
I appreciate, enjoy	J'apprécie...	then	puis
I hate...	Je déteste...	then, next	ensuite
I like.../ I don't like...	J'aime.../je n'aime pas...	too much	trop
I prefer...	Je préfère...	very	très
I think that...	Je pense que...	well	bien
in any case	en tout cas	while	pendant que

Etre et Avoir   Cinéphile

Vocabulaire du film

Jours de la semaine

Monday	lundi	*Friday*	vendredi
Tuesday	mardi	*Saturday*	samedi
Wednesday	mercredi	*Sunday*	dimanche
Thursday	jeudi		

Mois de l'année

January	janvier	*July*	juillet
February	février	*August*	août
March	mars	*September*	septembre
April	avril	*October*	octobre
May	mai	*November*	novembre
June	juin	*December*	décembre

Saisons

fall	l'automne (m)	*in the fall*	en automne (m)
winter	l'hiver (m)	*in the winter*	en hiver (m)
spring	le printemps	*in the spring*	au printemps
summer	l'été (m)	*in the summer*	en été (m)

Passage du temps

next year	l'année prochaine (f)	*morning*	le matin
last year	l'année dernière (f)	*afternoon*	l'après-midi (m)
today	aujourd'hui	*evening*	le soir
tomorrow	demain	*time*	l'heure (f)
yesterday	hier		

Temps

It's...	Il fait...	*It's...*	Il y a...
# *degrees*	# degrés	*cloudy*	des nuages (m)
bad (weather)	mauvais	*stormy*	des orages (m)
beautiful	beau	*sunny*	du soleil
cold	froid	*windy*	du vent
cool	frais	*It's hailing.*	Il grêle.
gray	gris	*It's raining.*	Il pleut.
hot	chaud	*It's snowing.*	Il neige.
humid	humide	*the forecast*	la météo
mild	doux	*the weather*	le temps
nice	bon		
sunny	du soleil		

Cinéphile — Etre et Avoir

Le paysage et les endroits

beach	la plage	museum	le musée
city	la ville	ocean	l'océan (m)
country, countryside	la campagne	plains	la plaine
field	le champ	restaurant	le restaurant
forest	la forêt	river	la rivière
grass	l'herbe (f)	sea	la mer
hill	la colline	small town	le village
house, home	la maison	tree	l'arbre (m)
lake	le lac	train station	la gare
mountain	la montagne	waterfall	la cascade

A l'école

schools	les écoles (f)	rooms	les salles (f)
single room school	l'école à classe unique	classroom	la salle de classe
elementary school	l'école primaire	computer lab	l'infothèque (f)
junior high school	le collège	courtyard/playground	la cour de récréation
high school	le lycée	laboratory	le laboratoire
university, college	l'université (f)	library	la bibliothèque
people	les gens	lunch room	la cantine
assistant, aide	l'assistant/e	office	le bureau
counselor	le conseiller	school year	l'année scolaire (f)
dunce	le cancre	back-to-school	la rentrée
elem. school teacher	l'instituteur/trice	day-off	le congé
student	l'élève (m/f)	national holiday	le jour férié
substitute	le/la remplaçant/e	vacation	les vacances (f)
teacher's pet	le chouchou/te		

Dans la salle de classe

audio cassette	la cassette	eraser	la gomme
blackboard	le tableau (noir)	homework	les devoirs
book	le livre	marker	le feutre
book bag	la cartable	paper	la feuille
CD	le CD	pen	le stylo
chair	la chaise	pencil	le crayon
coloring	le coloriage	poster	l'affiche (f)
computer	l'ordinateur (m)	scissors	les ciseaux (m)
desk	le pupitre	table	la table
dictation	la dictée	workbook	le cahier
diskette	la disquette		

Matières

Art	l'art (m)	Math	les maths (f)
Civil education	l'éducation civique (f)	Music	la musique
Computer science	l'informatique (f)	Physical education	l'éducation physique (f)
English	l'anglais (m)	recess	la récréation
French	le français	Science	les sciences (f)
Geography	la géographie	subject	la matière
History	l'histoire (f)		

Vêtements

boots	des bottes (f)	shirt	une chemise
coveralls	un bleu (de travail) (m)	shorts	un short
gloves	des gants (m)	skirt	une jupe
hat	un chapeau	slippers	des pantoufles (f)
jeans	un jean	sports coat/coat	une veste
man's suit	un costume	sweater (fleece)	un pull (polaire)
pants	un pantalon	tennis shoes	des baskets (m)
parka	un anorak	tights	des collants (m)
raincoat	un imperméable	t-shirt	un tee-shirt
scarf	un foulard		

Emotions

anger	la colère	joy	la joie
anxiety	l'angoisse (f)	patience	la patience
boredom	l'ennui (m)	remorse	le remords
fear	la peur	sadness	la tristesse
frustration	la frustration	uncertainty	l'incertitude (f)
impatience	l'impatience (f)	worry, concern	l'inquiétude (f)

Adjectifs

adorable, cute	adorable	intimate	intime
agreeable, pleasant	agréable	light, amusing	ludique
annoying	agaçant/e	mean	méchant/e
authoritative	autoritaire	mischievous	malin/maligne
bad	mauvais/e	mocking	moqueur/euse
boring	ennuyeux/euse	moving	émouvant/e
calm	calme	nice	gentil/lle
charming	charmant/e	open	ouvert/e
comical, funny	comique	patient	patient/e
content, happy	content/e	polite	poli/e
cute	mignon/nne	relaxed	relaxe
difficult	rude	reserved	réservé/e
disagreeable, unpleasant	désagréable	sad	triste
distant	distant/e	shy	timide
friendly	amical/e	tense	tendu/e
generous	généreux/euse	troubled	troublé/e
happy	heureux/euse	unhappy	malcontent/e
heavy	lourd/e	warm, hospitable	chaleureux/euse
impatient	impatient/e	wavy	ondulé/e
impolite	impoli/e	well behaved, wise	sage
indulgent, lenient	indulgent/e	well off	aisé/e

Verbes

to be	être
to be in a bad mood	de mauvaise humeur
to be in a good mood	de bonne humeur
to be in the process of...	en train de + infinitif
to be late	en retard
to be on the verge of...	sur le point de + inf
to be on time	à l'heure
to be right	d'accord
to earn an average living	de revenue modéré
to disobey	désobéir
to do, to make	faire
to do homework	les devoirs (m)
to play baseball	du baseball
to play soccer	du football
to ride a bicycle	du vélo
to row (crew)	de l'aviron
to sail	de la voile
to sled	de la luge
to have	avoir
to be # years old	# ans
to be cold	froid
to be hot	chaud
to be hungry	faim
to be in the habit of doing	l'habitude de + inf.
to be right	raison
to be thirsty	soif
to be wrong	tort
to feel like	envie de + infinitif
to feel like	envie de + nom
to have common sense	du bon sens
to have complexes	des complexes
to have confidence in	confiance en + objet
to have difficulty in...	du mal à + infinitif
to have the time to...	le temps de + inf.
to have worries	des soucis
to intend to...	l'intention de + inf.
to look, seem + adjective	l'air + adjectif
to need to...	besoin de + infinitif
to need + noun	besoin de + nom
to have a fight	se bagarrer
to pass a test	réussir à un examen
to play tag	jouer au loup
to punish	punir
to retire	prendre la retraite
to take a test	passer un examen

Etre et Avoir

Cinéphile

Tableaux

Tableau 1, La conjugaison du verbe être 10

Tableau 2, Les pronoms disjoints 10

Tableau 3, La conjugaison du verbe avoir 11

Tableau 4, Les emplois des verbes être et avoir 11

Tableau 5, La conjugaison du verbe aller 15

Tableau 6, La contraction de la préposition à avec l'article défini 15

Tableau 7, La conjugaison du verbe venir 16

Tableau 8, La contraction de la préposition de avec l'article défini 16

Tableau 9, Le passé récent v. le futur proche 18

Tableau 10, La conjugaison du verbe faire 19

Tableau 11, La contraction de la préposition de avec l'article défini 19

Crédits

Photographies

Couverture, *Etre et avoir* ©*Photofest*
Page 46, *Etre et avoir* ©*Photofest*
Page 48, *Etre et avoir* ©*Photofest*
Page 50, *Etre et avoir* ©*Photofest*